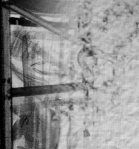

Barsotti, Renzo
    El increíble Leonardo da Vinci y sus secretos / autor ilustrador
Renzo Barsotti ; traducción María Patricia Esguerra. --
Bogotá : Panamericana Editorial, 2016.
    40 páginas : ilustraciones ; 27 cm.
    Título original : The incredible Leonardo da Vinci and his Secrets
    ISBN 978-958-30-5229-3
    1. Leonardo da Vinci, 1452-1519 2. Leonardo da Vinci, 1452-1519 -
Trabajos pictóricos 3. Leonardo da Vinci, 1452-
1519 - Inventos 4. Pintores italianos - Biografías I. Esguerra, María Patricia,
traductora II. Tít.
927.5 cd 21 ed.
A1543490

        CEP-Banco de la República-Biblioteca Luis Ángel Arango

Título original
Incredible Leonardo da Vinci and his secrets

Primera edición en Panamericana Editorial Ltda.,
septiembre de 2016
© 2014 Renzo Barsotti - Ant's Books Packager
© 2016 Panamericana Editorial Ltda.,
Calle 12 No. 34-30, Tel.: (57 1) 3649000
Fax: (57 1) 2373805
www.panamericanaeditorial.com
Tienda virtual: www.panamericana.com.co
Bogotá D. C., Colombia

Editor
Panamericana Editorial Ltda.
Edición
Luisa Noguera Arrieta
Traducción
María Patricia Esguerra
Diagramación
Rafael Rueda Ávila

ISBN: 978-958-30-5229-3

Impreso por Panamericana Formas e Impresos S. A.
Calle 65 No. 95-28, Tels.: (57 1) 4302110 - 4300355.
Fax: (57 1) 2763008
Bogotá D. C., Colombia
Quien solo actúa como impresor.
Impreso en Colombia - *Printed in Colombia*

EL INCREÍBLE

Leonardo da Vinci

y sus secretos

PANAMERICANA
EDITORIAL
Colombia • México • Perú

El taller de Verrocchio

Leonardo da Vinci ha sido definido como "el hombre universal", y es probablemente el genio más multifacético en la historia.

Era hijo de Ser Piero da Vinci y de una campesina, nació cerca a Florencia en 1452.

Para su padre, Ser Piero, era claro que su hijo Leonardo no iba a adelantar una carrera como notario. En el joven era demasiado evidente su vocación artística, y la Florencia de aquellos años era el sitio ideal para aprender el oficio.

Cuando Ser Piero tuvo que decidir a qué escuela confiar el aprendizaje artístico de su hijo, la elección recayó sobre el taller de Andrea di Cione, conocido como Verrocchio.

Era un célebre maestro orfebre, escultor e ingeniero, y a su vez enseñaba variedad de técnicas pictóricas. En las diferentes áreas del taller se tallaba el mármol y se fundían metales, mientras que los aprendices más jóvenes se iniciaban en la mezcla de colores.

Leonardo, ahora con diecisiete años de edad, muy pronto comenzó a afianzarse en el diseño.

El desafío del caballo rampante

Leonardo, durante su años en Florencia, no solo desarrolló el arte de la pintura, sino que, al mismo tiempo, también aprendió numerosas artes manuales y recibió una notable preparación científica, adquiriendo un formidable espíritu de observación.

En 1482 Leonardo sabía que Ludovico Sforza, el Moro, necesitaba un ingeniero y un pintor. Por eso le escribió ofreciéndole sus servicios, dejándole saber de sus conocimientos científicos.

Muchos de los huéspedes y visitantes de la Corte de Ludovico el Moro, consideraban que la principal actividad a la que se dedicaba Leonardo, era la organización de la coreografía de las suntuosas fiestas que tenían lugar en el palacio.

Leonardo prestó su talento en la corte del Moro tanto para la construcción de muchas obras, como para la elaboración de una variedad de pinturas y esculturas. Uno de los encargos recibidos fue la fundición de una enorme estatua ecuestre. Leonardo ya había participado en empresas desafiantes durante su aprendizaje en el taller de Verrocchio, donde fundió una estatua dedicada a Colleoni. Este precedente excepcional, había hecho surgir en Leonardo la idea de crear un monumento aún mayor, con el caballo alzado sobre sus patas traseras. Si bien existen los diseños y modelos preparatorios para este trabajo, la fundición nunca se llevó a cabo debido a que el bronce destinado a la estatua se utilizó para la producción de cañones.

El cenáculo

En 1495 Ludovico el Moro le confió a Leonardo el honroso encargo de pintar un fresco en el refectorio de la iglesia de Santa María de la Gracia. Muy consciente de su forma de pintar, el artista optó por no usar la técnica del fresco sobre un muro húmedo. La pintura ocupaba una pared completa, y retrataba el momento de la *Última Cena* en el que Jesús les anunciaba a sus apóstoles: "Uno de ustedes me traicionará". La obra fue terminada en la primavera de 1498, pero pronto mostró un grave problema: los colores fueron perdiendo intensidad y todo el fresco parecía destinado a desaparecer antes de cien años. La mayoría de los críticos acusaron a Leonardo de haber apelado a una técnica pictórica extraña y poco experimentada, basada en la mezcla de pinturas a base de clara de huevo. Sin embargo, lo más probable es que él haya recurrido a métodos ya utilizados por otros artistas, cometiendo algunos errores en la combinación de los pigmentos.

Leonardo tenía una forma especial de pintar, la cual requería de muchas intervenciones sucesivas sobre la misma figura. De este modo, obtenía el claroscuro necesario para darle profundidad a la escena. Debido a que la técnica del fresco no le permitía modificar el diseño una vez coloreado, él buscó nuevas técnicas pictóricas. En la *Última Cena*, intentó el uso de pigmentos nuevos que resultaron poco resistentes al moho y a la humedad.

El hombre volará

Se dice que en su juventud, Leonardo compraba pájaros enjaulados para devolverles su libertad. Seguramente el genio observó detenidamente sus movimientos durante el vuelo. En su primera estancia en Milán, comenzó a examinar científicamente las diferentes posiciones de las alas, las articulaciones y músculos reproduciéndolos totalmente en dibujos precisos.

Empezó a diseñar un equipo adecuado para imitar a los pájaros. Estudió detalladamente las plumas y los huesos tratando de lograr unas alas que pudieran ser puestas sobre los hombros de un Ícaro moderno. Entendía que la fuerza de los brazos no era suficiente para elevarse hacia el cielo, por lo que pensó en diseñar un mecanismo que le hiciera avanzar con la fuerza combinada de todas las artes. Las alas construidas de esta manera no se batían con la suficiente fuerza, entonces Leonardo desarrolló por otros medios, nuevas hipótesis, diseñando una especie de hélice grande, dando a luz al antepasado del helicóptero moderno.

Hombre lúcido de ciencia, al terminar su estudio Leonardo supo que tal esfuerzo no se vería recompensado con el éxito. Pero no por esto renunciaría a creer que podría conseguir que algún día, en su vuelo inaugural, el gran pájaro volaría por encima del poderoso monte Cecero, llenando el universo de estupor y marcando su fama en todos los libros.

Armas secretas

Cerca de veinte años después de haber partido por primera vez de Florencia, Leonardo dejó de nuevo la ciudad a la que había regresado después de su experiencia en Milán. Era la primavera de 1502 cuando fue contratado como ingeniero militar de César Borgia, llamado el Valentino, señor de Romaña. Durante un año y medio se mantuvo al servicio de este inescrupuloso hijo del papa Alejandro VI, realizando proyectos de fortificaciones.

La colaboración con el señor de Romaña terminó abruptamente cuando el Valentino asesinó a su ayudante llamado Vitellozzo Vitelli, que se había convertido en amigo de Leonardo.

Durante el tiempo que permaneció al servicio del Valentino, Leonardo orientó sus esfuerzos al diseño de nuevas y más eficaces armas. Entre los dibujos que sobreviven se encontraron estudios para la fundición y montaje de morteros y cañones gigantescos.

Entre las armas más temibles estaban los morteros, que podían disparar proyectiles mediante explosiones de aire que dispersaban metralla sobre el enemigo.

Leonardo hizo mapas topográficos con detalles defensivos precisos y exactos de cada ciudad que visitó.

Seguramente César Borgia no dejó escapar la oportunidad de disfrutar tanta genialidad, y este material debió ser muy útil en campañas militares posteriores.

Máquina prodigiosa

Fue precisamente en aquel periodo, cuando las armas de fuego estaban revolucionando las técnicas de guerra, que la ametralladora se convirtió en un importante tema de estudio para Leonardo. El disparo simultáneo a través de diferentes cañones sobre un soporte llamado "órgano", garantizaba un efecto devastador sobre el enemigo; mientras el nuevo tipo de culata daba una mayor resistencia al arma durante la carga.

El carro de guerra cubierto diseñado por Leonardo tenía varios cañones distribuidos en abanico en la parte frontal de la coraza. Toda la estructura estaba compuesta por un escudo de madera recubierto de cuero y, al interior, la tripulación estaba protegida pudiendo dirigir el fuego en todas las direcciones.

La máquina podía moverse fácilmente, ya que se apoyaba sobre cuatro ruedas que eran puestas en movimiento por la fuerza humana proveniente de la tripulación. Las ruedas de madera tenían cuñas incrustadas para tener agarre en todos los terrenos.

Para el diseñador, la función de este carro era hacer enormes daños al enemigo y abrir brechas por las que se pondría en marcha la infantería.

Esta visión puede considerarse como la precursora de las técnicas modernas de batalla, y el carro de guerra como el antecesor de los tanques de guerra actuales.

Durante su trabajo en Milán, Leonardo tenía que enfrentar problemas particulares referentes a la limpieza periódica de los numerosos canales fluviales que atravesaban la ciudad. Este proyecto muestra una draga anfibia en funcionamiento. Al tirar de la cuerda de amarre se pone en rotación un tambor que hace girar las aspas de la excavadora.

El barro que se levanta desde el fondo se descarga en vagones que se desplazan al interior de la draga.

En las páginas del Códice Atlántico se observan los diseños de esta ingeniosa máquina. No era utilizada para el transporte de personas, sino para el teatro. Su función era la de impresionar a los espectadores que la veían aparecer repentinamente dentro del escenario. Se movía autónomamente gracias a la potencia generada por los resortes que la ponían en movimiento, y que podían programarse para hacerla ingresar en cualquier momento.

Así mismo, en el Códice Atlántico se anuncia la llegada de esta máquina con el sonido de un tambor producido a través de brazos mecánicos que movían las baquetas. El sistema de rodillos que ponía en marcha el mecanismo podía cargarse con el movimiento de las ruedas. La música que generaba resultó particularmente apropiada para acompañar las paradas y desfiles militares.

Una obra maestra oculta

Cuando el Gobierno de la ciudad de Florencia decidió pintar la nueva sala del palacio del prior, optó por confiar el encargo a dos grandes artistas, Miguel Ángel y Leonardo.

Por desgracia, de estas pinturas solo queda poca evidencia. Miguel Ángel realizó obras que paulatinamente se fueron perdiendo, Leonardo terminó la batalla de Anghiari, pero el fresco fue destruido.

Gran innovador de técnicas pictóricas, Leonardo decidió, usando el método de la encáustica, afrontar el encargo de un nuevo fresco. Durante el siglo IV a. C. esta técnica ya había sido conocida y probada, por lo que no debería causar problema alguno. Era una técnica, donde además de la aplicación del pigmento se empleaba una cera que daba brillo a la pintura.

Leonardo sin embargo, cometió varios errores que incluyeron la utilización de brasas para calentar la pared en la que tenía que fijarse el fresco, obteniendo un efecto de fusión de los colores que se escurrían al suelo.

Estudios de Anatomía

La Anatomía fue uno de los campos de investigación en los que Leonardo se destacó particularmente. Mediante observaciones directas fue uno de los primeros en practicar la disección de cadáveres. Esta actividad tenía un halo de misterio y no era socialmente bien recibida, por lo que la practicó en secreto. Para todo artista era fundamental entender el funcionamiento de las articulaciones y los músculos con el fin de representarlos fielmente en sus obras. Leonardo fue más lejos, ocupándose de estudiar el sistema respiratorio, el corazón y los órganos internos de los que tiene dibujos precisos que reproducen las características anatómicas del cuerpo humano.

Entre los minuciosos estudios realizados por Leonardo, están los referentes a las posiciones del feto dentro del útero de la madre. Demostrando que su interés por la anatomía no era solamente artístico, sino que era un hombre de ciencia.

La dama del armiño

En 1488 Leonardo recibió el encargo de hacer el retrato de la bella Cecilia Gallerani. Muchos críticos identifican la pintura como *La dama del armiño* conservada en Cracovia, pero otros parecen mostrar dudas sobre la paternidad de la obra, que continúa siendo uno de los muchos misterios de la carrera de Leonardo.

Parece que Cecilia estaba dotada de tanta belleza que despertó la admiración de Leonardo. Quien estaba, por lo general, poco dispuesto a ser seducido por el encanto femenino. El artista estaba particularmente impresionado...

Cecilia Gallerani, retratada en el famoso cuadro *La dama del armiño*, fue la amante de Ludovico el Moro por más de una década, hasta su boda con Beatriz d'Esta, celebrada en 1492. Durante este periodo Cecilia se convirtió en el centro de la actividad cultural que se desarrollaba en la Corte. Dotada de una gran belleza, inteligencia y sensibilidad, acogía en su sala a los artistas e intelectuales más interesantes de la época. En un primer momento, Leonardo comenzó a asistir a su residencia privada para la realización del retrato, sin embargo, más adelante se convirtió en huésped y en amigo de la señora de la casa.

Leonardo realizó muchos retratos femeninos y solamente uno masculino. Estas representaciones muestran la forma en que entendía la pintura como un medio para explorar las virtudes internas de los modelos que posaban para sus cuadros.

21

La Gioconda

Leonardo, en el último periodo de su vida después de dejar Milán luego de la caída de el Moro, realizó varios viajes trayendo consigo un pequeño cuadro. El lienzo representaba el rostro de una mujer con una sonrisa misteriosa, no se conoce aún la razón por la cual esbozaba esa sonrisa.

La llamó *La Gioconda*, cuyo rostro misterioso enmarcado dentro de un paisaje de la Toscana, se ha convertido en el símbolo de la pintura de Leonardo.

Se han hecho muchas conjeturas sobre la identidad de *La Gioconda*. Según algunos, se trataba de Lisa del Giocondo, esposa de un mercader florentino, mientras otros especulan que en aquel cuadro Leonardo había representado a un hombre joven. Sin embargo lo más probable es que se mantenga como uno de los tantos misterios que rodean la genialidad del artista.

En Florencia, durante un corto lapso del siglo XV, vivieron y trabajaron artistas y científicos de la talla de Brunelleschi, Masaccio, Bramante, Botticelli, Verrocchio, Leonardo, Miguel Ángel, Rafael, y muchos otros que fundaron la cultura del Renacimiento.

La sonrisa misteriosa y distante de *La Mona Lisa*, al igual que la belleza de esta joven mujer que hizo de modelo de la célebre *Gioconda*, siempre han suscitado la admiración general. La pintura es el resultado de una técnica depurada que debió haber requerido una gran ejecución. Ni el rostro, como tampoco el paisaje circundante, muestran signos de las pinceladas de Leonardo, capaz de alcanzar en esta obra la máxima expresión de la técnica de la difuminación. El retrato es la demostración de sus más altas capacidades pictóricas, y representa una síntesis de los cánones del equilibrio entre la luz y las sombras preferidas por el artista.

Todas estas consideraciones han llevado a algunos a ver similitudes entre el rostro misterioso de *La Mona Lisa* y el que se aprecia en el autorretrato de Leonardo, o por lo menos una particular afinidad con su ideal de belleza.

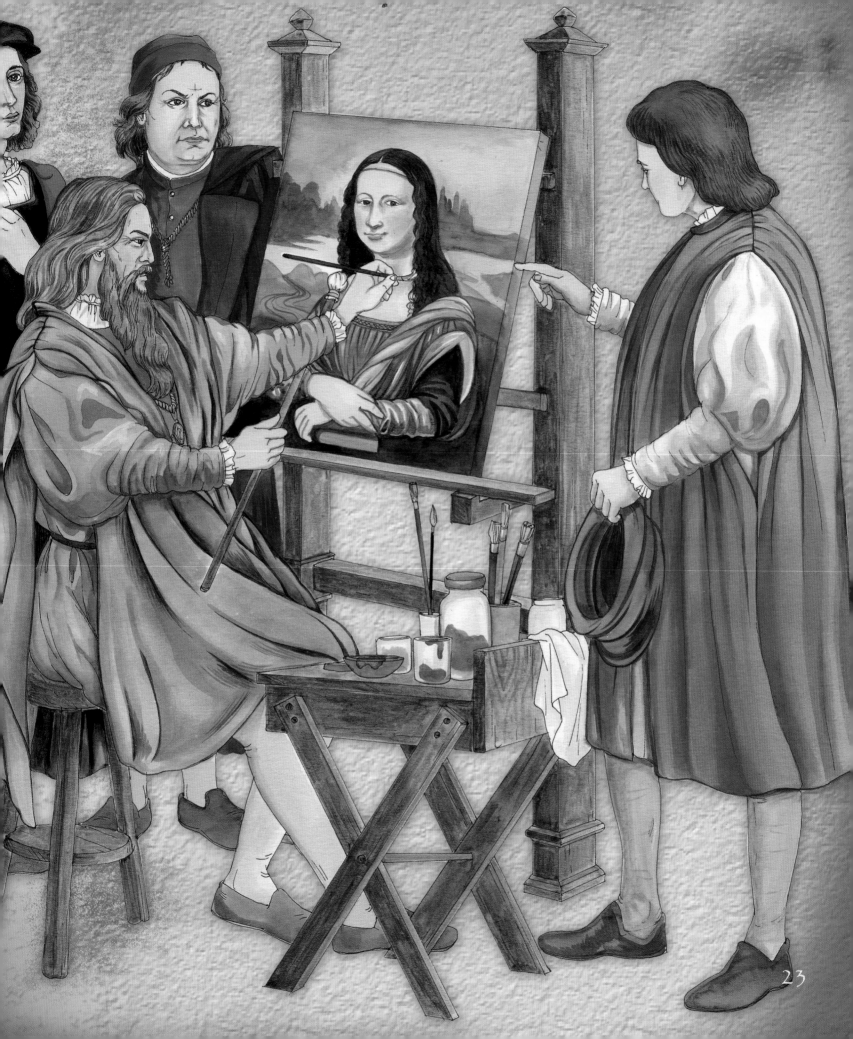

23

Fiestas y tradiciones

Leonardo como maestro de ceremonias, diseñador de vestuario y director de fiestas de la casa de los Sforza, preparó dispositivos escénicos geniales que sorprendieron a los grandes señores de su tiempo. Aún queda la famosa y grandiosa coreografía que acompañó a la que se recuerda como La Fiesta del Paraíso. Las puertas abiertas del Castillo de Milán habían acogido a muchos caballeros y damas, invitados a un gran baile que se celebraba en el gran Salón Verde. El cierre de los bailes estaba marcado por la entrada en escena de la carroza que llevaba un gran huevo partido a la mitad. En el interior dorado del huevo se encontraban varias estrellas luminosas así como los siete planetas conocidos hasta ese momento, caracterizados por otros tantos hombres. El efecto triunfal fue replicado en muchas otras ocasiones y en numerosas puestas en escena que preparó para los Sforza y su Corte durante los diecisiete años en los que Leonardo estuvo como invitado en Milán.

Entre los diversos intereses de Leonardo, también se encontraba el diseño de instrumentos musicales.

Uno de sus diseños representa una lira a partir del cráneo de un animal. Este sería utilizado como caja de resonancia, mientras que a lo largo del cartílago del paladar extendió las cuerdas que se fijaron a los dientes. La idea de realizar un instrumento de este tipo no era del todo nueva, ya que se había trabajado en ella desde la prehistoria, pero Leonardo logró un resultado particularmente espectacular.

El efecto escénico del instrumento estaba asegurado por el revestimiento con piel adornado con penachos de pelo, de los que brotaban cuernos y largos colmillos.

Leonardo conservó hasta la vejez su pasión por los autómatas. Fabricó un león gigantesco en honor a Francisco I, que se movía automáticamente y esparcía lirios blancos, símbolos de la corona francesa.

Símbolos secretos

La escritura especular era una de las estrategias utilizadas por Leonardo para que resultara complicado descifrar sus notas. El método consistía en escribir las palabras de derecha a izquierda para que pudieran leerse reflejadas en un espejo.

Durante muchos años se debatió sobre la verdadera razón de esta elección. No resulta claro si el autor deseaba conservar un secreto en particular, o si esta escritura fuese más fácil para él debido a que era zurdo.

Las dificultades para su comprensión no solo se debían al uso de la escritura especular, pues Leonardo llevaba minuciosos registros con muchas abreviaturas y criptografías difíciles de interpretar.

A partir de estas páginas se ha demostrado la incomparable curiosidad que llevó a este hombre genial a explorar tantos campos del conocimiento, y cuestionar el valor absoluto del pensamiento aristotélico.

Los escritos de Leonardo permanecieron olvidados durante algunos años después de su muerte. Muchos fueron traídos a Italia por Francesco Melzi, quien los había heredado del artista. La importante colección terminó en parte dispersa, pero la mayoría de las hojas fueron recogidas en los famosos códices.

En estas notas está contenido el aporte que Leonardo da Vinci hizo al progreso humano.

Los códices

Muchos de los estudios realizados por Leonardo, están documentados en los papeles conservados por su discípulo predilecto Francesco Melzi después de la muerte del brillante autor.

Códice Trivulziano

Conservado en el Castillo Sforza de Milán, la colección incluye 55 hojas. Se cree que originalmente eran 62 hojas fechadas entre 1478 y 1490, y contienen estudios de arquitectura militar y religiosa.

Códice de Madrid

Encontrados por casualidad en 1966, se conservan en la Biblioteca Nacional de Madrid. Fechados en 1503, están divididos en dos volúmenes dedicados a la mecánica y al diseño geométrico.

Códice Hammer

El códice que anteriormente se llamaba de Leicester, actualmente está en manos de Bill Gates. En 1980 fue comprado en una subasta por el norteamericano Armand Hammer, vinculando desde aquel momento, su nombre a estos dibujos y notas escritas por Leonardo. La colección consta de 36 hojas fechadas entre 1504 y 1508, ocupándose casi exclusivamente de temas relacionados con la hidráulica. Gracias a su propietario, el códice se expone cada año en una ciudad diferente.

Códice Forster

Está compuesto por tres volúmenes, conservados en el Victoria and Albert Museum de Londres.

Los códices

Las hojas con las notas y los diseños originales de Leonardo están recogidos en colecciones llamadas códices.

Realizados en diferentes periodos, contienen bocetos, notas, reflexiones que dan una idea de la genialidad universal del autor.

Códice Altántico

Actualmente se conserva en la Biblioteca Ambrosiana de Milán, las páginas que componen los 12 volúmenes son grandes y se parecen a las de un Atlas.

Se encuentran en ellos una variedad de temas que incluyen anatomía, geografía, astronomía, botánica, química, mecánica y otras ramas de la ciencia que estudió Leonardo entre 1478 y 1518.

Códice sobre el vuelo de los pájaros

escrito en Florencia alrededor de 1505, está compuesto por 18 hojas de un tamaño pequeño y actualmente está conservado en la Biblioteca Real de Turín. Contiene estudios sobre el comportamiento de las aves durante el vuelo en relación con el viento.

Colección Windsor

En posesión de la Corona inglesa desde 1690, esta colección se compone de 234 hojas de un tamaño mediano. Se conserva en el Castillo de Windsor, de donde procede su nombre.

Manuscrito de Francia

Anteriormente almacenados en la Biblioteca Ambrosiana, estos cuadernos fueron transferidos a la de París de Napoleón.

Formado por hojas de un tamaño pequeño, probablemente Leonardo lo utilizaba para tomar notas fuera del estudio.

Códice Arundel

Lleva el nombre del primer propietario conocido, el Conde de Arundel; se conserva en el Museo Británico de Londres.

Consta de 283 hojas que contienen escritos y dibujos de mecánica, óptica, física y arquitectura.

El hombre del futuro

Las máquinas diseñadas por Leonardo demuestran una gran capacidad intuitiva, anticipándose siglos a la fabricación de las primeras.

Leonardo estaba muy interesado en los problemas relacionados con el movimiento. Entre sus ideas más sorprendentes encontramos la bicicleta y el automóvil. El inventor no ha indicado el sistema para mover estas máquinas, pero parece que para la bicicleta era el trabajo del ciclista. Lo más sorprendente está en el hecho de que rodara por primera vez en una carretera solamente hasta 1816.

El paracaídas, de acuerdo con su diseño, fue elaborado como una pirámide hueca de base cuadrada. Los estudios modernos han demostrado que la forma semiesférica es la más adecuada para tal propósito.

Leonardo pensó en un sistema que permitiera respirar a un hombre sumergido en el agua. Sus estudios llevaron a un proyecto de escafandra rudimentaria.

A partir de las dificultades presentadas
en el diseño de unas alas capaces de
soportar a un hombre en vuelo, a Leonardo
se le ocurrió una solución sorprendente.
Pensó en un tornillo que tuviera una forma
similar a la de una hélice gigante. La novedad
de este proyecto consiste en el hecho de que en
la naturaleza no existen animales con un vuelo
semejante. Esta primera idea del helicóptero, se
atribuye a su asombroso ingenio que nos sorprende
cada vez más, por la previsión
y la increíble semejanza entre la intuición
de Leonardo y el aparato de nuestros días.

El último refugio

Leonardo, en el otoño de 1516, después de una vida de aventuras, emprendió un nuevo viaje en dirección a Francia.

Estuvo acompañado por su estudiante predilecto Francesco Melzi, con quien llegó a la mansión de Cloux, puesta a su disposición por Francisco I.

El rey francés le otorgó a Leonardo el título de Primer Pintor, Arquitecto e Ingeniero Real. Los días transcurridos en este castillo en el Valle del Loira, le hicieron olvidar a Leonardo aquellos días oscuros en Roma.

Francisco I iba con frecuencia a visitar a los dos señores del castillo, donde pasaban largos ratos en agradables conversaciones.

Para agradecer la hospitalidad del rey, Leonardo realizó vestuarios y puestas en escena para espectáculos que se celebraron en la Corte vecina de Ambroise.

Las obras realizadas en los últimos años de su vida contienen el testamento tanto intelectual como filosófico del "genio universal". Leonardo, sintiendo que su mundo pleno de ideas se estaba cerrando definitivamente, comenzó a pintar el diluvio universal. Estas obras representan cataclismos en los que las montañas se desploman y las ciudades son devoradas, parecen imágenes del fin del mundo.

¿Qué quería comunicar con estos diseños?

¿Qué habría podido desencadenar las poderosas fuerzas de la naturaleza para destrozar todo en un torbellino? Parecen decir que Leonardo se sentía una pequeña parte vital en un universo inestable y en continuo movimiento, como los tres bailarines representados en su último diseño.

¿Realmente Leonardo murió en los brazos de Francisco? Este hecho sigue siendo todavía un misterio, porque el rey al parecer, se encontraba lejos de Cloux.

Un robo increíble

En la mañana del 11 de agosto de 1911 un ladrón de arte italiano llamado Vincenzo Peruggia, logró robar *La Mona Lisa* del Museo del Louvre, escondiéndola primero en una tela y luego dentro de su chaqueta. Se dirigió a su casa en autobús, depositó la tela en un cuarto de aseo y regresó al Louvre donde trabajaba. Para justificar su demora dijo que había estado bebiendo la noche anterior y que seguía sufriendo los efectos de la resaca. Convencidos de que la pintura había sido robada en la época napoleónica, Peruggia la escondió hasta 1913 cuando la ofreció a un coleccionista florentino a condición de que *La Mona Lisa* fuese conservada nuevamente en Italia.

SENSACIONAL: *LA GIOCONDA* HA SIDO ROBADA DEL LOUVRE

La Policía está tras el misterioso ladrón.

En poco tiempo llegarán el director del museo, el jefe de seguridad y el prefecto de París. Los accesos están vigilados y se iniciará una busqueda sistemática.

La historia de La Gioconda es fascinante, al menos en cuanto a la identidad de la mujer representada. La realización de esta obra maestra comenzó en el periodo en el que Leonardo se encontraba con Miguel Ángel haciendo el fresco de La batalla de Anghiari.

Las características de La Mona Lisa afectaron de tal modo al artista, que lo impregnó por cuatro años, rechazando mientras tanto valiosos encargos. El lienzo nunca fue entregado a quien lo había encargado y siguió al autor en sus desplazamientos. Terminó en Francia, donde fue recomendada a Antonio De Beatis durante una visita a Leonardo y más tarde fue comprada por Francisco I.

Fueron dos artistas de visita en el Louvre los que se dieron cuenta de la desaparición del cuadro. Cuando llegaron al salón Carré se percataron del espacio vacío en el muro y rápidamente dieron la alarma. En poco tiempo llegaron el director del museo, el jefe de seguridad y el prefecto de París. Las entradas fueron selladas y comenzaron el registro sistemático de todo el museo, de todos los empleados y de los visitantes. Descubrieron tan solo el vidrio y el marco del cuadro, pero fue un esfuerzo inútil porque La Mona Lisa ya había dejado el Louvre.

Eran las siete de la mañana del 11 de
agosto de 1911, cuando Peruggia entró
al museo a través de una puerta
reservada a los empleados
y se dirigió al Salón Carré.
Aprovechando la ausencia
de público, retiró el cuadro
de la pared y lo llevó al exterior
sin ser molestado.

La vida de Leonardo

14 de abril de 1452
Leonardo nació en Vinci, cerca de Florencia.

En 1467
La familia paterna se trasladó a Florencia y Leonardo comenzó sus estudios de gramática, geometría y música, sin dejar de lado el dibujo.

En 1469
Para el joven Leonardo se abrieron las puertas del taller de Verrocchio, comienza el periodo de aprendizaje.

En 1472
La pasantía ha terminado, el nombre de Leonardo aparece en la lista de pintores florentinos.

En 1476
Deja el taller de Verrocchio, pero volverá después de unos pocos meses para ayudar al maestro en la realización de un gran caballo de bronce encargado por la República de Venecia.

Leonardo, en este año, realiza los primeros cuadros importantes y comienza a diseñar puentes, máquinas de guerra e instrumentos.

En 1478
Recibe el primer encargo hecho a él personalmente.
Para realizarlo, va a la Corte de Florencia, donde desean un cuadro para la capilla del Palacio Vecchio.

En 1481
Asume un nuevo encargo importante, los monjes de San Donato lo designaron para pintar un retablo para el altar del convento.

En 1482

Parte de Florencia con destino a Milán, dejando inconclusa la obra *La adoración de los Magos*.

La ciudad en aquel periodo, ofrece muchas oportunidades y clientes ricos para los artistas. Leonardo se detendrá diecisiete años en ella, trabajando para Ludovico el Moro.

En 1483

Junto con los hermanos De Pedris, recibe el encargo de realizar una obra muy compleja que se convertiría en *La Virgen de las Rocas*.

En 1487

Comienza a trabajar con el Moro, la primera obra es un estudio para la cobertura de la cúpula. Al año siguiente, Leonardo es comisionado para realizar el retrato de la bella Cecilia Gallerani, favorita del Duque.

En esos años hace el proyecto de la gran estatua ecuestre de Francisco Sforza, y pinta la obra maestra la *Última Cena*.

En 1499

Deja Milán, y después de un periodo en Venecia, regresa a Florencia.

En 1502

Se pone al servicio del Valentino.

En 1503

Regresa a Florencia y comienza a pintar *La Mona Lisa*.

En 1504

Se prepara para pintar *La batalla de Anghiari*

En 1506

Regresa a Milán, donde se dedica a estudios científicos.

En 1513

Llega a Roma y continúa en el desarrollo de su trabajo como científico.

En 1517

Parte hacia Francia donde transcurren sus últimos años como huésped de Francisco I.

Contenido